Bibliografische Information der Deutschen Nationalbibliothek:

Die Deutsche Bibliothek verzeichnet diese Publikation in der Deutschen National-
bibliografie; detaillierte bibliografische Daten sind im Internet über http://dnb.d-
nb.de/ abrufbar.

Impressum:

Copyright © 2013 GRIN Verlag, Open Publishing GmbH
Druck und Bindung: Books on Demand GmbH, Norderstedt Germany
ISBN: 978-3-668-03423-5

Dieses Buch bei GRIN:

http://www.grin.com/de/e-book/305556/die-bedingungen-der-autonomie-bei-peter-
schaber-und-joseph-raz

Marius Hummitzsch

Die Bedingungen der Autonomie bei Peter Schaber und Joseph Raz

Warum bevorzugt Schaber ein deskriptives statt ein normatives Verständnis von Autonomie?

GRIN Verlag

GRIN - Your knowledge has value

Der GRIN Verlag publiziert seit 1998 wissenschaftliche Arbeiten von Studenten, Hochschullehrern und anderen Akademikern als eBook und gedrucktes Buch. Die Verlagswebsite www.grin.com ist die ideale Plattform zur Veröffentlichung von Hausarbeiten, Abschlussarbeiten, wissenschaftlichen Aufsätzen, Dissertationen und Fachbüchern.

Besuchen Sie uns im Internet:

http://www.grin.com/

http://www.facebook.com/grincom

http://www.twitter.com/grin_com

Die Bedingungen der Autonomie bei Peter Schaber und Joseph Raz

Warum bevorzugt Schaber ein deskriptives statt ein normatives Verständnis von Autonomie?

Ausarbeitung zum Referat

Name: Hummitzsch, Marius

Studiengang: L3 (Politik, Philosophie, Germanistik)

Veranstaltung/Semester der Veranstaltung: Menschenwürde: Neuere Arbeiten / SoSe 2013

Modul: Modul 8 „Angewandte Ethik"

Abgabedatum: 27.08.2013

Inhaltsverzeichnis

1   Einleitung

Im zurückliegenden Seminar *Menschwürde: Neuere Arbeiten* haben wir uns intensiv mit dem für die Moralphilosophie zentralen Begriff der *Würde*[1] auseinandergesetzt und versucht, eine genauere Begriffsbestimmung vorzunehmen. Hierbei haben wir uns vor allem mit *Peter Schabers Instrumentalisierung und Würde* befasst. Schon im zweiten Kapitel wurden wir dabei mit dem Begriff der *Autonomie* konfrontiert, den Schaber – wie auch den Begriff der *Würde* – als einen enorm wichtigen Terminus in der Moralphilosophie ansieht, wenngleich er ebenso stark interpretationsbedürftig sei.[2] Meine Referatsgruppe hatte zu einem späteren Zeitpunkt das Kapitel *Autonomy and Pluralism* aus der Monographie *The Morality of Freedom* von *Joseph Raz*[3] vorzustellen, in dem es dann deutlich ausführlicher um den Begriff der Autonomie gehen sollte. Als ich mich in diesem Kontext nochmals mit Schabers Konzeption des Autonomiebegriffs und vor allem seinen Bedingungen auseinandergesetzt habe, kam bei mir die Frage auf, warum er sich in seiner Monographie offensichtlich stark am Autonomiebegriff und den Bedingungen der Autonomie bei Raz orientiert, jedoch nicht auf dessen normatives Begriffsbild sondern auf ein deskriptives zurückgegriffen hat.

Es soll daher das Anliegen der vorliegenden Arbeit sein, zu hinterfragen, wo Gemeinsamkeiten und Unterschiede bei Schaber und Raz mit Blick auf die Bedingungen der Autonomie liegen und wie sich die eben angesprochene Entscheidung begründen ließe. Ich werde mich dafür überwiegend auf die beiden genannten Autoren beschränken, die das Seminar auch inhaltlich wesentlich bestimmt haben.

Strukturell wird in Kapitel 2 zunächst von Schabers Begriff der Autonomie ausgegangen. Zum einen wird untersucht, welche Bedingungen der Autonomie sich ausmachen lassen (Kapitel 2.1) und zum anderen wird geprüft, welche Gründe er für die deskriptive Begriffsverwendung anführt (Kapitel 2.2). Anschließend gilt es, die für den Kontext der Arbeit besonders relevanten Aspekte des Autonomiebegriffs bei Raz signifikant darzustellen (Kapitel 3). Auch hier wird im ersten Schritt – nun vergleichend – nach den Bedingungen gefragt (Kapitel 3.1), bevor in Kapitel 3.2 eine Bedingungserweiterung erfolgen soll. Ehe das Fazit gezogen wird, soll in Kapitel 4 der deskriptive und der normative Begriffszugang der Autoren abschließend diskutiert werden.

---

[1] Vgl. Peter Schaber (2010): *Instrumentalisierung und Würde.* S. 13.
[2] Vgl. Ebd. S. 13.
[3] Joseph Raz (1988): *The Morality of Freedom.* Kapitel 14. S. 369-399.

2.1 Die Bedingungen

Entgegen dem Vorgehen von Raz formuliert Schaber seine Bedingungen der Autonomie nicht durchweg explizit, da der Begriff der Autonomie für ihn eher technisch ist, um den Würdebegriff und das Instrumentalisierungsverbot zu behandeln. Es lassen sich jedoch klare Bedingungen ausfindig machen. Als Ausgangspunkt bezieht sich Schaber in seinem Werk auf *Barbara Herman*, nach der man als Mensch genau dann autonom handele, wenn man nach *den eigenen Gründen* handelt.[4] Auch wenn Schaber den Blick eher auf die Frage lenkt, wann ich jemanden als autonome Person achte, bringt er eine wichtige Bedingung hierfür ins Spiel. So könne man jemandes Autonomie nur dann achten, wenn die Person in ihrer Entscheidungs- und Meinungsfindung nicht manipuliert, getäuscht oder bedroht werde.[5] Ergo könne eine Person nur dann nach den eigenen Gründen, sprich autonom, handeln, wenn sie frei von Manipulation, Täuschung oder Bedrohung sei.

Darüber hinaus artikuliert er die Prämisse, dass man nur nach den eigenen Gründen handeln könne, wenn man „nach Gründen handel[...][t], die man für Gründe hält, wenn man angemessen darüber informiert ist, was der andere mit einem vorhat."[6] Demzufolge formuliert Schaber auch eine epistemische Bedingung für autonomes Handeln.

In Kantischer Tradition scheint Schaber auch die Überzeugung zu vertreten, dass „nach Gründen handeln" an die Vernunft gebunden sei, da man nur so solche Gründe auch als Gründe identifizieren könne.[7] Rationalität ist so eine weitere Bedingung der Autonomie.

Zusammenfassend lassen sich bei Schaber also drei grundlegende Bedingungen des autonomen Handelns identifizieren:

1. Freisein im Handeln von Manipulation, Täuschung oder Bedrohung
2. Ausreichendes Situationswissen für eine Handlungsentscheidung
3. Eine grundlegende Rationalität beim Handelnden.

2.2 Gründe für ein deskriptives Autonomieverständnis

Wie einleitend bereits angeführt, greift Schaber auf ein deskriptives Autonomieverständnis zurück, das – wie ihm *Holger Baumann* vergegenwärtigt hat – der Alltagsgebrauchsweise

---

[4] Vgl. ebd. S. 43f.
[5] Vgl. Ebd. S. 44f.
[6] Vgl. Ebd. S. 44.
[7] Vgl. Ebd. S. 43f.

entspreche.[8] Wenngleich er diese Tatsache als einzigen Grund für die Verwendung der deskriptiven Autonomie anführt und man daraus nicht direkt auf die Befürwortung eines solchen Verständnisses schließen kann, erscheint es mir irrational, wenn ein Autor einen Begriff in einer Art und Weise kontinuierlich verwenden und darstellen würde, die er selbst nicht befürwortet. Er erwähnt in diesem Zusammenhang zwar die Möglichkeit, Autonomie normativ auszulegen (und verweist sogar auf Raz), doch will er sich im normativen Sinne nicht darauf festlegen, dass autonomes immer auch richtiges Handeln sein müsse und verwendet im Weiteren Autonomie deskriptiv.[9]

Inhaltlich ausgehend von der Prämisse, dass eine Person genau dann autonom handelt, wenn sie nach eigenen Gründen handelt, fährt Schaber fort. Bei diesen Gründen müsse es sich ausdrücklich um *keine moralischen* bzw. *keine guten Gründe* handeln.[10] Somit ist die Autonomie nach Schaber nicht an eine *bestimmte Art* von Gründen gebunden und autonomes Handeln unabhängig von der Qualität der Gründe. Man muss sie lediglich selbst als Gründe identifizieren und sein Handeln daran ausrichten können.

3 Die Bedingungen der Autonomie bei Raz

3.1 Die expliziten Bedingungen der Autonomie

Während Schabers Bedingungen der Autonomie teils implizit zu erarbeiten waren, stand die explizite Formulierung der Bedingungen der Autonomie für Raz in seinem Kapitel *Autonomy and Pluralism* aus dem Werk *The Morality of Freedom* im Fokus des Beitrages. Für Raz existiert ein sogenanntes *Ideal der Autonomie*:

„The ideal of personal autonomy is the vision of people controlling, to some degree, their own destiny, fashioning it through successive decisions throughout their lives."[11]

Demnach gibt es ein gegenwärtig vorherrschendes Verständnis davon, was Autonomie bedeutet. Autonomie entspreche so der erfolgreichen Verfolgung selbstgesteckter Ziele. Allerdings hält Raz dem schon frühzeitig entgegen, wenn er festhält, dass sich Autonomie nicht allein im Entscheiden über die Ziele und Erreichen derer festmachen lässt. Vielmehr müsse man den Prozess der Entscheidungsfindung und Zielerreichung in den Fokus

---

[8] Vgl. Ebd. S. 46.
[9] Vgl. Ebd. S. 47
[10] Vgl. Ebd. S. 44.
[11] Joseph Raz (1988): *The Morality of Freedom.* S. 369.

rücken.[12] Darüber hinaus ließe sich Autonomie nicht allein am Erreichen und Nicht-Erreichen der eigenen Ziele messen, da Autonomie eine *graduierbare Größe* sei, die je nach der Erfüllung ihrer Bedingungen mehr oder weniger erreicht werden könne.[13]

Raz formuliert exakt drei Bedingungen der Autonomie (conditions of autonomy), die es im Folgenden näher zu betrachten gilt:

1. Angemessene mentale Fähigkeiten (appropriate mental abilities)
2. Eine adäquate Breite an Wahlmöglichkeiten (adequacy range of options)
3. Unabhängigkeit (independence).[14]

3.1.1 Angemessene mentale Fähigkeiten

Raz versteht unter den angemessenen mentalen Fähigkeiten vorrangig drei Kriterien, die vorliegen müssen. Zum einen müsse eine autonome Person ein Minimum an Rationalität besitzen. Damit einhergehend müsse sie in der Lage sein, auch komplexere Intentionen zu bilden und die Handlungen zur Umsetzung dieser planen zu können.[15] Vergleicht man die Bedingung der angemessenen mentalen Fähigkeiten mit dem Entwurf von Schaber, so fällt auf, dass für beide die Fähigkeit vernünftig handeln zu können, eine wichtige Voraussetzung für die Autonomie einer Person darstellt. Wenngleich Raz mit der Bildung, Planung und Durchführung komplexerer Intentionen die Ansprüche an die mental-kognitiven Voraussetzungen von autonomiefähigen Personen strenger fasst, kann man hier durchaus Parallelen bei der Bedingungsanalyse finden.

3.1.2 Eine adäquate Breite an Wahlmöglichkeiten

Dieser Bedingung widmet sich Raz sehr umfassend, da vor allem die Frage, wann man von „adäquat" sprechen kann, einer ausführlicheren Bestimmung bedarf. Zunächst einmal könne man nicht alle Aspekte des eigenen Lebens kontrollieren und frei bestimmen (siehe z. B. politische Handlungseinschränkungen). Allerdings sei auf der anderen Seite das alleinige Vorhandensein einer Wahl nicht hinreichend, um sinnvoll von einer Wahlmöglichkeit im Sinne von autonomen Entscheidungen reden zu können. Es bedarf

---

[12] Vgl. Ebd. S. 371.
[13] Vgl. Ebd. S. 373.
[14] Bei den hier formulierten Übersetzungen handelt es sich um eigene Entscheidungen. Während 2. und 3. wenig diskutabel sind, bleibt es diskussionswürdig, wie man bei 1. "appropriate" angemessen übersetzen sollte. Neben „angemessen" würde gerade die durchaus gängige Übersetzung „zweckmäßig" plausibel erscheinen.
[15] Vgl. Ebd. S. 372f.

einer Bestimmung zwischen den Extremen, die Raz mit *Adäquatheit* zu fassen versucht.[16] Im weiteren Verlauf konkretisiert er sein Verständnis von Adäquatheit an zwei Beispielen. Im erste Beispiel *The Man in the Pit* solle man sich folgenden Fall vorstellen. Ein Mann fällt in eine Grube, aus der er nicht mehr herauskommt und er sein restliches Leben dort verbringen muss. Er kann sich kaum bewegen und hat nur noch die Wahl, ob er schläft, isst oder ähnliche triviale Handlungen vollzieht. Im zweiten Beispiel *The Hounded Woman* liege der Fall vor, dass eine Frau auf einer Insel voller fleischfressender Tiere strandet und dauerhaft von diesen gejagt werde. Ihr Handeln muss daher stetig auf die Flucht vor den Tieren und somit ihr eigenes Überleben ausgelegt sein. In beiden Fällen haben die Akteure nach Raz keine adäquate Auswahl an Optionen. Während der „Mann in der Grube" nur triviale und kurzfristige Handlungen ausüben könne, müsse die „gejagte Frau" notwendig ihre Entscheidungen nach dem Kriterium „Flucht vor den Tieren" ausrichten, weshalb sie *konsequenzialistisch determiniert* seien.[17]

Raz nutzt die Erkenntnisse aus den Fällen, um nun die *Adäquatheit* näher zu bestimmen. Eine adäquate Auswahl liegt demnach dann vor, wenn Personen in verschiedenen Lebensbereichen sowohl kurzfristige Entscheidungen mit geringen Konsequenzen sowie langfristig bedeutsame Entscheidungen treffen können, wobei die Qualität der Optionen wichtiger als die alleinige Quantität sei.[18] Das Problem der Qualität der Wahloptionen wird im Kapitel 3.2 noch von besonderer Bedeutung sein.

Sucht man diese Bedingung, die Wahlmöglichkeiten einer Handlung betreffend, bei Schaber, so fällt auf, dass er sie weniger als Bedingung von Autonomie verortet sondern vielmehr als Bedingung von Selbstachtung.[19] Leider erfährt man bei Schaber kaum etwas über das Verhältnis von Selbstachtung und Autonomie, sodass man keine gerechtfertigten Rückschlüsse über die Bedeutung des Wählens für autonomes Handeln ziehen kann.

3.1.3 Unabhängigkeit

Wie auch bei Schaber spielen Zwang und Manipulation bei Raz eine wichtige Rolle, wenn man die Bedingungen autonomen Handelns erfassen will. Während für Schaber Manipulation, Täuschung und Bedrohung das Handeln nach den eigenen Gründen verhindern oder zumindest behindern, sieht Raz in der Manipulation und dem Zwang

---

[16] Vgl. Ebd. S. 373.
[17] Vgl. Ebd. S. 373f.
[18] Vgl. Ebd. S. 374ff.
[19] Vgl. Peter Schaber (2010): *Instrumentalisierung und Würde*. S. 52f.

durch andere einen Eingriff in die Willensbildung einer Person, weshalb diese nicht unabhängig – und somit auch nicht autonom – handeln könne. Zwar wirkt sich äußerer Zwang direkt einschränkend auf die Wahlmöglichkeiten der Person aus und Manipulation nicht, doch da die Entscheidung trotzdem immanent beeinflusst wird, müsse beides als grundlegende Beschränkung der Autonomie begriffen werden. Der Verlust von Optionen durch Zwang wiegt hierbei jedoch schwerer.[20] Raz vertritt dabei die Position, dass bei solch einem Fall der Verletzung der Unabhängigkeit eine Person nicht mehr als autonomes Wesen agieren kann, sondern nur noch für andere als Mittel zum Zweck bzw. Objekt fungiert, dem Schaber, wie oben bereits ausgeführt, wohl so zustimmen würde:

> „It is commonplace to say that by coercing or manipulating a person one treats him as an object rather than as an autonomous person."[21]

Betrachtet man die Bedingungen der Autonomie bei Raz und Schaber in Gänze, so lassen sich große Gemeinsamkeiten kaum bestreiten. Die Raz'schen Bedingungen der angemessenen mentalen Fähigkeiten und der Unabhängigkeit lassen sich inhaltlich nahezu identisch auch bei Schaber ausmachen. Es erscheint eine wenig gewagte These zu sein, dass Schaber (2010) sich am Autonomiebegriff von Raz (1988) zumindest orientiert hat. Dies bringt allerdings zwingend die Frage mit sich, warum sich Schaber gegen die Verwendung der normativen Autonomie von Raz bei seiner Abhandlung entscheidet.

3.2 Die normative Bedingungserweiterung

Wie eben bereits erwähnt, zeigt sich der einzige systemisch grundlegende Unterschied zwischen den Autoren in der Art der Wahlmöglichkeit. Während es für Schaber hinreichend ist, dass die Wahl einer aus mehreren Handlungsoptionen durch eigene Gründe geschieht und so das faktische Vorhandensein mehrerer selbst begründbarer Handlungsmöglichkeiten qualitativ und quantitativ als eine Bedingung für Autonomie genügt (deskriptive Autonomie), stellt Raz *qualitative* Anforderungen an die Art der Wahl.

Das faktische Vorhandensein verschiedener selbst begründbarer Handlungsmöglichkeiten ist nach Raz nicht hinreichend, um eine Bedingung von Autonomie zu formulieren. Die Handlungsmöglichkeiten müssen *adäquat* sein. Raz vertieft diesen Gedanken nun weiter, womit er letztlich einen *normativen* Begriffszugang der Autonomie postuliert.

---

[20] Vgl. Joseph Raz (1988): *The Morality of Freedom*. S. 377f.
[21] Ebd. S. 378.

Für ihn ist es, im Gegensatz zu Schaber, von besonderer Bedeutung, dass es sich bei den eigenen Gründen um *gute Gründe* handelt, da autonomes Handeln *auf das Gute abzielt (aiming at the good).*[22] Dementsprechend verlange die Autonomie, dass die handelnde Person mehrere moralisch akzeptierbare Wahloptionen hat – „Autonomy requires that many morally acceptable options be available to a person."[23] Die alleinige Wahl zwischen guten und schlechten Handlungsmöglichkeiten reiche also nicht aus, sondern es müsse notwendig eine Auswahl verschiedener guter Handlungen für eine Person geben, um autonom handeln zu können.[24] Das Vorhandensein von schlechten Optionen per se ist demnach für autonomes Handeln nicht *wertvoll* und reduziert die Wahlmöglichkeiten einer Person mit Bezug auf die Autonomie nicht. Allerdings sei die gute Person noch besser, wenn sie die Möglichkeit gehabt hätte, schlecht zu handeln, und sich selbst beweist, indem sie sich für die gute Handlung entscheidet.[25][26]

Wenn man nun den Versuch unternimmt, die hiermit ins Spiel gebrachte Kategorie *des Guten* in die zuvor aufgeführten Bedingungen zu integrieren, so muss man konstatieren, dass eine *adäquate Breite an Wahlmöglichkeiten* nur dann vorliegen kann, wenn eine Person die Wahl zwischen verschiedenen guten, also *moralisch richtigen,* Entscheidungen treffen kann. Der Begriff der Autonomie muss somit normativ verstanden werden, womit sich ein manifester Unterschied zwischen Raz und Schaber ausmachen lässt.

4   Normativer oder deskriptiver Autonomiebegriff?

Warum entscheidet Schaber nun, vom deskriptiven Autonomieverständnis auszugehen und den normativen Aspekt von Autonomie nach Raz nur am Rande zu berücksichtigen?

Ich möchte mich im Folgenden auf zwei grundlegende Probleme beschränken. Erstens hat schon Raz selbst die Probleme des Öffnens und Schließens von Optionen durch Entscheidungen einer Person als Einschränkungen der Autonomie derselben als „tricky issues"[27] identifiziert. Hier tut sich ein *konsequentialistisches* Problem auf, das kaum plausibel bearbeitet werden kann. Interessant finde ich an dieser Stelle die Anmerkung von

---

[22] Vgl. Ebd. S. 378.
[23] Ebd. S. 378.
[24] Vgl. Ebd. S. 379f.
[25] Vgl. Ebd. S. 380f.
[26] Im Umkehrschluss müsse eine Entscheidung für eine schlechte Handlung beim Vorhandensein von guten Optionen als noch schlechter beurteilt werden.
[27] Ebd. S. 374f.

Gutmann, dass es eben der „*Sinn* von Entscheidungen"[28] sei, durch die Ausübung der Autonomie Entscheidungen zu treffen, die „die Matrix möglicher künftiger Entscheidungen"[29] verändert. Autonomes Entscheiden kann also nur so funktionieren und sollte nicht als Problem der Autonomie selbst begriffen werden.

Ein zweites stärkeres Problem beim normativen Autonomiezugang ergibt sich aus der Frage, nach welchem ethischen Prinzip ich entscheide, ob eine Handlung bzw. Entscheidung als *gute* Entscheidung zu beurteilen ist? Dieses Grundproblem der Ethik ist weiterhin derart ungelöst, dass das Problem der Qualifizierung als eine gute Handlungsmöglichkeit eine äußerst komplexe und derzeit kaum lösbare Aufgabe darstellt.

Schaber vermeidet es also, sich auf diese Probleme einlassen zu müssen, womit er den „einfacheren" Weg wählt. Er begeht jedoch bei seiner Darstellung, einen grundlegenden Verständnisfehler, wenn er meint, dass normativ autonomes Handeln zwingend richtiges Handeln sein muss.[30] Denn wie Raz ausdrücklich feststellt, *sollte* sich eine autonome Person zwar für eine gute Handlung entscheiden, sie *muss* es jedoch *keineswegs*.

5   Fazit

Die Arbeit hat gezeigt, dass meine Zweifel an Schabers Ablehnung des normativen Autonomiebegriffs durchaus plausible Gründe haben. Zum einen lässt sich vermuten, dass Schaber schlichtweg eine Auseinandersetzung mit den vorhandenen Problemen, die die Raz'sche Bedingung der *adäquaten Breite an Wahlmöglichkeiten* mit sich bringt, meiden wollte. Zum anderen wurde auch eine fehlerhafte Wiedergabe offensichtlich, wenn Schaber eine autonome Handlung zwingend als gute Handlung identifiziert.

Schaber mag zwar mit der Aussage recht haben, dass das gegenwärtige Alltagsverständnis von einem deskriptiven Autonomiebegriff ausgeht, jedoch scheint es mir zumindest in der geschehenen begrenzten Auseinandersetzung keineswegs auf eine vollständige begründete Aufgabe der normativen Autonomie hinauslaufen zu müssen. Vielmehr sollte uns das Nachdenken über den wesentlichen Charakter von Autonomie wieder vermehrt zu der Frage führen, inwiefern Autonomie normativ zu verstehen sein kann oder gar muss.

---

[28] Thomas Gutmann (2011): Paternalismus und Konsequentialismus. In: *Preprints of the Centre for Advanced Study in Bioethics*. Münster 2011/17. S. 19. URL: http://www.uni-muenster.de/imperia/md/content/kfg-normenbegruendung/intern/publikationen/gutmann/17_gutmann_-_paternalismus_und_konsequentialismus.pdf. Zugriff: 24.08.2013.
[29] Ebd. S. 19.
[30] Vgl. Peter Schaber (2010): *Instrumentalisierung und Würde*. S. 47.

6 Literaturverzeichnis

Thomas Gutmann (2011): Paternalismus und Konsequentialismus. In: *Preprints of the Centre for Advanced Study in Bioethics*. Münster 2011/17. URL: http://www.uni-muenster.de/imperia/md/content/kfg-normenbegruendung/intern/publikationen/gutmann/17_gutmann_-_paternalismus_und_konsequentialismus.pdf. Zugriff: 24.08.2013.

Joseph Raz (1988): *The Morality of Freedom*. Kapitel 14. Oxford: Clarendon Press.

Peter Schaber (2010): *Instrumentalisierung und Würde*. Paderborn: mentis.